Mme ANAÏS SÉGALAS

PARIS. — TYP. SIMON RAÇON ET COMP., RUE D'ERFURTH, 1.

ANAÏS SÉGALAS

Publié par G. HAVARD

LES CONTEMPORAINS

MADAME ANAÏS SÉGALAS

PAR

EUGÈNE DE MIRECOURT

Précédé d'une lettre à M. Alphonse Karr.

PARIS
GUSTAVE HAVARD, ÉDITEUR
15, RUE GUÉNÉGAUD, 15
1856

L'Auteur et l'Éditeur se réservent le droit de traduction
et de reproduction à l'étranger.

CHRONIQUE DES CONTEMPORAINS

A M. ALPHONSE KARR.

Paris, 29 mai 1856.

Monsieur,

Il y a sept mois environ, j'écrivais, à la page 45 du volume qui vous est consacré :

« Alphonse Karr est, après Janin, le littérateur le plus agressif des temps modernes, et, — chose bizarre! — ils ont l'un et l'autre un caractère extrêmement chatouilleux et susceptible. Ces illustres spadassins de la plume, qui ont fait saigner tant d'amours-propres, s'irritent outre mesure quand on blesse le leur. »

Vous avez jugé à propos, monsieur, de donner aux abonnés du *Siècle* confirmation pure et simple de ces lignes.

Eh quoi! c'est l'auteur des *Guêpes*, de cette œuvre hargneuse, que son titre même explique, et dont le sens est *aiguillon, dard, piqûre*, c'est lui qui prend la mouche et crie pour un coup d'épingle!

Raisonnons vite, et raisonnons bien.

Vous déclarez que votre biographie est faite *sans aucune exactitude et sans aucun soin*. Juge dans votre propre cause, vous dites que ce petit livre, qui a la prétention de raconter votre histoire, est *une compilation d'ana pris au hasard dans les vieux Matthieu Lansberg, et d'anecdotes ayant déjà servi à Roquelaure et à Cadet-Roussel.*

— Pardon, monsieur Karr, pardon! je vous proteste qu'elles n'ont servi qu'à vous.

— Roquelaure n'a jamais eu de chien de Terre-Neuve appelé Freyschütz, magnifique réclame à quatre pattes que vous faisiez conduire en laisse dans les rues et sur le boulevard par ce bon Cuir-d'Ébène, un nègre bien intelligent, monsieur!

Tout Paris, cette ville des badauds, s'est entretenu pendant six mois de Freyschütz, de Cuir-d'Ébène et d'Alphonse Karr.

Pour Cadet-Roussel, interrogez la chronique, il n'avait ni chien ni nègre. Je n'ai pas dit de vous :

Alphonse Karr a trois cheveux
Deux pour la face, un pour la queue.

Je n'ai pas ajouté non plus, pour comble d'irrévérence :

Et, lorsqu'il va voir sa maîtresse,
Il les met tous les trois en tresse.

D'autre part, vous êtes également forcé d'en convenir, Roquelaure ne s'est fait, à aucune époque, batelier sur la Marne ; il n'a sauvé aucun cuirassier de la noyade. Cadet-Roussel n'eut point, que je sache, la passion du jardinage ; il ne s'occupa jamais à résoudre le problème des roses bleues. Roquelaure ne s'habillait pas comme vous d'une robe de chambre écarlate, et Cadet-Roussel, le pauvre homme ! ne portait à la ville ni culotte de daim collante, ni bottes à l'écuyère, ni habit de cheval à gros boutons d'argent. Roquelaure a-t-il été patron de barque à Étretat? Cadet-Roussel a-t-il baptisé la moindre chaloupe du nom de Lisa Boisgontier?

Rien de semblable n'a eu lieu dans leur épopée burlesque.

Ce premier reproche est donc injuste. Il tombe à faux. Voilà ce que je voulais prouver d'abord.

Quant à l'inexactitude et au manque de soin qui, selon vous, caractérisent ledit volume, permettez-moi de vous dire que c'est une insinuation vague et sans fondement. Vous auriez consolidé cette insinuation par des preuves, si la chose eût été possible. Une fois décidé à me lancer aux trousses deux colonnes du *Siècle*, vous pouviez en ajouter une troisième qui m'eût convaincu d'absurdité sur toute la ligne.

Alors, j'aurais eu bouche close.

Notez que cette troisième colonne vous eût été payée au taux de *vingt-cinq centimes* la ligne. Quelle superbe occasion vous avez perdue là de relever mes erreurs !

Votre silence, aux yeux des gens qui raisonnent, prouve que vous n'avez à m'opposer aucune réfutation sérieuse.

J'ai rendu justice à votre talent d'écrivain, j'ai cité de vous des faits honorables.

A côté de l'éloge, comme ombre au tableau, j'ai glissé quelques mots de critique : j'ai dit que vous étiez un *poseur* éternel, et que votre plus grand plaisir, en tout temps et en tous lieux, avait été d'occuper le public de votre personne.

Est-ce là, s'il vous plaît, le motif de votre colère?

Car vous êtes en colère, monsieur! La preuve, c'est que vous n'avez pas eu le moindre esprit dans votre premier article. Votre réponse à ma lettre laconique est beaucoup moins spirituelle encore.

Où était, je vous le demande, la nécessité de vous suivre sur le terrain du *Siècle*, pas à pas et phrase à phrase? Ma réplique, par le fait même de l'immense publicité du journal, aurait eu beaucoup de retentissement; mais je n'y tiens en aucune sorte, je vous le jure. Tant de méchantes langues m'accusent déjà de faire de la réclame!

D'autre part, j'ai mon volume à écrire tous les quinze jours, monsieur.

Plus j'avance, plus les renseignements deviennent difficiles, et, ne vous en déplaise, j'apporte à les rassembler beaucoup d'*exactitude* et beaucoup de *soin*.

Vous m'attaquez à votre loisir et à vos heures; mais le public réclame l'exécution de mes promesses.

Au sieur Janin comme à vous, comme à tous ceux qui ont du retentissement dans les lettres, et qui m'insultent d'assez haut pour qu'on les écoute, il est nécessaire de répondre; mais je le fais à bâtons rompus, quand rien ne me presse et quand rien n'en souffre.

Dois-je renoncer à mon travail et jeter les hauts cris, parce que vous jugez convenable de répéter pour la mille et unième fois ce fameux *As-tu déjeuné, Jacquot?* plaisanterie neuve et charmante, que je vous sais gré de reproduire, pour la justification même de mon pseudonyme?

Dois-je m'irriter à outrance parce que vous appelez votre biographie une *bête de petite brochure?*

Cette opinion, monsieur, vous est toute personnelle, j'aime à le croire.

Dans le cas où elle ne serait pas sincère, on comprend que vous vous efforciez de lui donner cours. Mais le public annule ou sanctionne les sentences que nous portons sur nos œuvres. Ma *bêtise* ou votre *esprit*, si *bêtise* ou *esprit* il y a, sont uniquement justiciables de son tribunal. N'influençons point le juge.

Vous imprimez dans le *Siècle* les lignes suivantes :

« Moins patient ou moins confiant en lui-même, au lieu de rester dans la carrière avec les écrivains contemporains, il s'est assis sur les talus qui entourent l'hippodrome et jette des pierres aux concurrents qui passent. Cela amuse quelques curieux, quelques envieux, qui l'encouragent par des gros sous. »

Ah çà, vous perdez la tête, mon pauvre monsieur Karr!

Ce textuel et curieux passage est l'histoire exacte de l'auteur des *Guêpes*. A quoi songez-vous de lâcher des phrases aussi compromettantes? Vous crachez en l'air, comme on dit vulgairement, et...

Fi donc! essuyez-vous!

Pendant dix années entières, dix années consécutives, sans but moral, sans nécessité, sans excuse, manquant de patience, manquant surtout de courage, et pour gagner des *gros sous*, vous vous êtes assis sur les *talus* en question, et vous avez *jeté des pierres* non-seulement à vos collègues du style, mais à tout le monde. Vous exploitiez la *piqûre*, vous demandiez fortune au *dard*, vous empochiez le bénéfice de l'*aiguillon*.

Daignez rappeler vos souvenirs, monsieur. Quel était votre éditeur ? vous-même.

Les libraires, vous le saviez, absorbent presque tous les gains d'une entreprise de ce genre, et vous avez loué une boutique où les *Guêpes* se débitaient sous votre surveillance directe.

Je n'ai pas de boutique, moi, monsieur. C'est un éditeur qui publie mes volumes. Je gagne à faire l'histoire contemporaine, sans méchanceté gratuite et réfléchie, avec honneur, vérité, conscience, beaucoup moins que vous n'avez gagné jadis rue Vivienne. Je n'ai point acheté de maison de campagne à Étretat, je vous le jure, et je n'en achèterai jamais.

Le véritable motif de votre colère contre moi, le voici.

Je vous ai reproché d'avoir, il y a dix ans, imprimé dans la *Patrie* un gros mensonge[1], le matin même du jour où mon procès avec Alexandre Dumas s'appelait à la sixième chambre. Vous pouviez exercer sur l'esprit des juges une impression funeste; vous pouviez me faire condamner à deux ans de prison, comme ce pauvre Félix Pyat venait de l'être pour avoir écrit une malheureuse brochure, — sentence cruelle qui a jeté l'aigreur dans son âme, et qui a contribué peut-être à lui faire prendre le chemin de l'abîme !

Votre article paru, je vous ai cherché, monsieur, non pour vous provoquer en duel, ainsi que vous avez l'air de l'insi-

---

[1] Voir la biographie d'Alphonse Karr, p. 72, 73 et 74.

nuer dans ce récit fantasmagorique, où la *peau d'ours* et l'*armoire* jouent un si noble rôle.

Je ne suis ni querelleur ni spadassin; je ne menace personne de ma *canne* ou de mon *épée*, comme vous faisiez à chaque instant dans les *Guêpes*.

C'est peut-être une raison de plus de me défendre mieux qu'un autre lorsqu'on m'attaque.

Les âmes les plus courageuses, croyez-le bien, ne logent pas dans le corps de ces bravaches à la voix d'ogre qui se posent en mangeurs d'hommes et ne croquent que des asperges.

Non, monsieur, non, je n'avais pas alors et je n'ai pas aujourd'hui le moindre désir de vous tuer. Je voulais seulement faire appel à votre conscience honnête, je voulais obtenir une rétractation. Vous avez jugé convenable de fatiguer mes démarches et mes instances; en tenant votre porte close et en laissant mes lettres sans réponse : j'ai donc naturellement raconté ce fait dans votre biographie.

Rien n'était plus juste, ce me semble.

Il fallait accepter le reproche que je vous adressais, garder le silence et ne pas me jeter vos *Bourdonnements* à la tête, pour conclure ainsi :

« Du reste, il est impossible à M. de Mirecourt de faire quelque chose qui ne soit pas parfaitement égal à M. Karr. »

Mais alors, pitoyable logicien que vous êtes! puisque ma *bête de petite brochure* vous était si indifférente, il ne fallait pas, six mois après sa publication, quand personne peut-être n'y songeait plus, réveiller l'attention publique par deux colonnes du *Siècle*, et gratifier ainsi mon éditeur d'un surcroît de vente.

Ah! monsieur Karr, voilà ce qu'on peut appeler une franche maladresse! Je croyais que ce gros Janin seul en était capable. Les rieurs ne seront ni de son côté ni du vôtre.

Daignez recevoir mes salutations empressées.

EUGÈNE DE MIRECOURT.

Post-scriptum.—Au moment où je corrige ma dernière épreuve, croiriez-vous, monsieur, que Janin recommence encore, et que les *Débats* persistent à lui tenir l'étrier quand il enfourche, pour me courir sus, la rosse efflanquée de son style?

— Décidément, ce malheureux critique a perdu l'esprit.

Il assure que j'ai fait de son portrait une charge abominable, quelque chose de *difforme* et *d'immonde*, aux *yeux hébétés*, aux *joues inertes*.

Qu'en dites-vous? Allez donc un peu lui présenter un miroir!

On m'annonce que vous suivrez son exemple, et que je suis menacé de nouveaux *Bourdonnements*. Je n'en crois rien. Le *Siècle* a plus de retenue que les *Débats*, et, Dieu merci, vous n'êtes pas encore tombé, comme l'auteur de l'*Ane mort*, dans la paralysie intellectuelle et dans le crétinisme de la phrase.

E. DE M.

Paris, le 17 juin 1856.

Mme ANAÏS SÉGALAS

Parcourez, entre deux et cinq heures du soir, la ligne d'asphalte qui va du Théâtre-Lyrique au Gymnase, vous êtes sûr d'avoir l'agrément d'une foule de rencontres littéraires ou artistiques.

Là vous trouvez en promenade notre vieux Béranger, le jonc traditionnel à la main, l'œil vif, le pas ferme, la bouche souriante, vêtu de son ample redingote bourgeoise, coiffé de son feutre à larges bords, et ruminant au soleil quelque refrain nouveau.

Dennery, le dramaturge, sort d'une répétition de l'Ambigu.

Plus loin, Castor et Pollux, — nous voulons dire Anicet Bourgeois et Michel Masson, — achèvent, bras dessus, bras dessous, le plan d'un drame, et saluent Paul de Kock à sa fenêtre du boulevard Saint-Martin.

Voici l'un des frères Lionnet. Un passant candide l'aborde et lui dit :

— Pardon, monsieur... Est-ce à vous ou à monsieur votre frère que j'ai l'honneur de parler?

Tournez la tête : voilà Dumanoir; il

revient du Gymnase. Auguste Maquet le
coudoie. Cet illustre auteur de romans si-
gnés Alexandre Dumas porte le front haut
et se rengorge. Il va sur le boulevard du
Temple rendre visite à son père d'abord,
puis à certain directeur des alentours :
comme avec le ciel, il est avec les maris
des accommodements.

Ce n'est pas tout.

Saluez madame Naptal-Arnaud, charmante femme, conduisant par la main
deux petits anges, qu'elle nomme ses
filles.

Inclinez-vous devant madame Guyon,
dont les grands yeux noirs ont tant de
puissance, et devant mademoiselle Lau-
rentine, la blonde pensionnaire de M. Mon-
tigny.

Livrez passage à Laferrière, avec sa toilette irréprochable et son éternelle jeunesse.

Faites place à Francisque, chargé de livres poudreux et de vénérables brochures ; à Paulin Ménier, que l'on distingue à la ville par l'affectation de sa tenue bohémienne, au théâtre par son originalité pleine de verve.

Peste ! c'est lui, c'est le grand Bocage, avec son lorgnon !

Ne saluez pas, prosternez-vous.

Il regarde avec dédain cet aristocrate de Frédérick Lemaître, courant en calèche découverte sur la chaussée.

Marchez toujours. Voici les frères Cogniard. Ils ont pris l'absinthe, et leur dîner les attend rue de Lancry. Ferdinand Dugué, l'auteur du *Paradis perdu*, les accompagne. Ces messieurs se croisent avec Mélingue, notre sublime Benvenuto, qui leur jette un bonsoir amical.

Benvenuto flâne, en attendant l'omnibus qui doit le reconduire à sa maison de Belleville.

Tout à coup il s'arrête, ôte respectueusement son chapeau tyrolien et présente ses hommages à madame Anaïs Ségalas, qui, elle aussi, traverse à cette heure le boulevard artistique, tenant en laisse un superbe chien de chasse, et achevant dans sa tête une strophe commencée, le matin, dans son boudoir.

Admirez l'art des transitions, chers lecteurs : votre promenade est finie, et nous sommes en plein dans notre sujet.

L'héroïne de ce volume peut regagner tranquillement son hôtel de la rue de Crussol; nous entamons l'histoire de sa vie et la critique de ses œuvres.

Mademoiselle Anaïs Ménard, aujourd'hui madame Ségalas, est née à Paris le 24 septembre 1819.

Sa mère était créole.

Quant à Charles Ménard, son père, il nous offre un type assez curieux à peindre.

Le cher homme avait une existence d'anachorète.

Il proscrivait de sa table la viande, le poisson, et jusqu'au potage gras, attendu qu'il est fait avec la chair d'un animal. Cœur digne des temps antiques, il soutenait que nous n'avons le droit, ni de tuer les bêtes, ni de nous alimenter de leur substance.

Charles Ménard ne se borna pas à prêcher d'exemple : il publia, en 1825, un volume à l'appui de sa doctrine.

Nous recommandons à la Société protectrice des animaux les œuvres de ce grand philosophe.

La haine de la côtelette et du bifteck n'était pas le seul trait distinctif de son caractère. Il ne voulut jamais comprendre ni les jouissances du luxe ni les joies de salon.

Le père de notre héroïne se réservait une chambre garnie de meubles très-pauvres, laissant, du reste, madame Ménard arranger ses appartements particuliers à sa guise, mais refusant avec obstination de l'accompagner dans le monde.

Celle-ci, beaucoup moins âgée que son époux, fit à la paix du ménage et aux convenances le sacrifice de ses goûts de jeune femme.

Elle se consacra dans la solitude à l'éducation de sa fille.

Anaïs eut, sous le toit paternel, des maîtres de tout genre.

On reconnut en elle, dès sa plus tendre enfance, des inclinations littéraires très-prononcées.

Un vieux professeur lui rima un jour, pour la fête de M. Ménard, quelques strophes classiques dont elle se permit de trouver la versification détestable. Notre bas-bleu de sept ans en écrivit d'autres elle-même, et récita triomphalement à son père un morceau curieux, affranchi de toutes les lois de la rime et de la césure.

A trois années de là, nous voyons mademoiselle Anaïs composer un vaudeville.

Dans la maison logeait un auteur dramatique de quatrième ordre, appelé M. de Ferrière[1]. Ce Scribe de Lazari et des Funambules écouta gravement la pièce de la jeune fille, déclara qu'il y trouvait de superbes dispositions pour la scène, et se joua de la crédulité de l'enfant jusqu'à lui promettre d'aller présenter le chef-d'œuvre au directeur de la Gaîté.

— Vraiment? s'écria-t-elle toute joyeuse. Quand m'apporterez-vous la réponse?

[1] Il signait *Leblanc* au théâtre.

— Mais aujourd'hui même, ce soir, dit M. de Ferrière.

Anaïs avait grandi d'une coudée.

Jusqu'au retour de son protecteur, elle compta les minutes et les secondes, courant de la pendule à la fenêtre, et tressaillant à chaque coup de marteau que lui envoyait aux oreilles la porte de la rue.

Enfin le locataire rentra.

— Mademoiselle, dit-il, on trouve la pièce très-admissible. Par malheur, c'est une pièce de circonstance, et la direction en avait reçu précédemment une sur le même sujet, sans quoi la vôtre eût été mise à l'étude sur-le-champ.

Le candide auteur de vaudevilles ne douta pas un seul instant de la bonne foi du messager.

Anaïs croyait que les théâtres s'ouvraient à tout le monde, même aux petites filles de dix ans, et qu'une pièce pouvait être lue, reçue et représentée en vingt-quatre heures.

Elle s'adonna sérieusement à de nouveaux griffonnages dramatiques, et fureta dans la bibliothèque paternelle, afin de découvrir des comédies et des tragédies.

Cette bibliothèque se ressentait des goûts de M. Ménard et de son mépris pour le luxe.

On n'y voyait pas de volumes à splendide reliure, enfermés dans un meuble de jaque ou de palissandre. Le bonhomme rangeait ses livres au fond d'un cabinet noir, sur de simples planches de chêne.

Anaïs remua tous ces bouquins poudreux, et dénicha les poëtes comme on déniche les oiseaux.

Elle trouva Molière, Corneille, Racine, les lut avec enthousiasme, et apprit par cœur de longues tirades; qu'elle allait déclamer en jouant dans la cour, afin que M. de Ferrière, qui travaillait à sa fenêtre, pût l'entendre et l'applaudir.

L'auteur de quatrième ordre s'acquittait à merveille de sa dette de bravos.

En revanche, il payait très-mal ses loyers.

Il lui vint une idée obligeante et économique. Pour obtenir de M. Ménard quittance des termes dus, il lui proposa de donner à sa fille quelques leçons de prosodie française.

On accepta cette offre.

Mais, au bout d'une dizaine de leçons, l'écrivain dramatique déménagea sournoisement et laissa la jeune élève gravir, comme elle pourrait, les hauteurs du Parnasse.

Elle ne se découragea point.

Nous la voyons, à dater de ce jour, marcher seule et sans guide à la conquête d'une position dans les lettres.

La poésie et l'amour sont frère et sœur.

Fille d'une créole, mademoiselle Anaïs avait une double raison d'accomplir un voyage précoce dans les plaines fleuries du sentiment. Elle donna sa première tendresse et ses premiers rêves à un jeune homme qui arrivait du fond des Pyrénées pour faire ses études de droit.

M. Ménard était mort.

Sa veuve, le temps du deuil expiré, n'avait pas jugé convenable de laisser autour d'elle la même solitude.

Appuyé dans ses prétentions par quelques amis de la famille, le jeune Basque demanda la main d'Anaïs.

Notre héroïne, consultant son cœur beaucoup plus que son âge, l'avait autorisé à cette démarche. Elle ignorait que nos lois françaises ne permettent pas à une personne de son sexe d'allumer le flambeau de l'hymen avant quinze ans révolus.

Mademoiselle Anaïs n'en avait que treize.

Il fallut se contenter d'une simple cérémonie de fiançailles et de l'espérance.

Pour tromper le temps, nos amoureux fabriquent un calendrier double, c'est-à-dire une pancarte contenant deux révolutions complètes de trois cent soixante-cinq jours.

Tous les soirs ils prennent une plume, biffent un saint du calendrier, et finissent par atteindre l'heure du sacrement, à la sept cent trentième rature.

L'époux venait d'être reçu avocat à la cour royale de Paris.

Anaïs lui fit jurer solennellement de ne jamais abuser de l'autorité conjugale pour mettre obstacle à ses goûts poétiques, et la lune de miel, si exclusive d'ordinaire et si jalouse, permit à l'épousée de ne pas interrompre sa promenade sur l'Hélicon.

Madame Ségalas envoya aux journaux quelques essais timides.

Le *Cabinet de lecture*, feuille littéraire très-courue à cette époque, lui emprunta ses rimes, et le directeur, M. Darthenay, l'un des plus illustres autocrates du coup de ciseau, remplaça le nom de Ségalas par *trois étoiles*, sous le prétexte assez plausible que ce nom ne jouissait pas encore d'un rayonnement convenable.

Bientôt, plus chevaleresque et moins rigide, il écrivit en entier la signature.

Alors, comme aujourd'hui, notre muse lisait merveilleusement ses vers. Les cercles lettrés de la capitale se disputaient la gloire de l'entendre [1].

Prônée par les salons, elle eut une renommée soudaine.

Un éditeur de la rue des Grands-Augus-

---

[1] Elle a lu maintes fois chez mesdames Ancelot, de Pongerville, Lefebvre-Deumier, et chez M. Pitre-Chevalier, directeur du *Musée des Familles*.

tins lui publia un premier recueil de poésie, à la fin de 1837. Ce recueil s'intitule les *Oiseaux de passage*.

Madame Ségalas entrait dans sa dix-huitième année.

Chez un poëte si jeune encore, la facture et le rhythme ne manquent ni de hardiesse ni de cadence. Le sentiment religieux, les douces rêveries de la famille et de la maternité, lui dictent de beaux vers. Jamais une pensée mauvaise, jamais un hémistiche coupable ne déshonorent ses chastes et pieuses inspirations.

Ma vie, ô mon Seigneur! calme s'en est allée :
J'ai fait comme le lis brisé dans la vallée,
  Je suis morte dans ma blancheur.

Le monde m'a dit : Viens, ce collier rend charmante;
Cette robe de pourpre et d'or est si brillante!

Ce jeune homme a l'œil tendre et de bien noirs cheveux !
Et j'ai fui le jeune homme, et j'ai dit : Je préfère
À la robe de pourpre et d'or de votre terre
Ma robe blanche dans les cieux.

La muse de madame Ségalas, muse chrétienne avant tout, profite des jeux mêmes de l'enfance pour l'instruire et pour lui servir de guide jusqu'aux mystérieuses régions de l'infini.

Le grand livre de la nature est ouvert devant toi. Regarde, enfant !

Celui qui fait toutes ces choses,
C'est Dieu; de son palais du ciel,
C'est lui qui nuance les roses
Et donne aux abeilles leur miel.
Il suspend tes bons fruits aux branches;
Il jette un gazon de satin
Sous tes pieds; pour tes robes blanches
Dans la plaine il sème du lin.

C'est lui, toujours lui, qui t'envoie
Les bluets, ces saphirs des blés,

Qui donne au ver sa longue soie,
Au rossignol ses chants perlés;
C'est lui qui fait le corps si frêle
Des papillons frais et jolis,
C'est lui qui pose sur leur aile
Ces points de nacre et de rubis.

Passant ensuite à la peinture du ciel, rempli de bienheureux, de vierges, de chérubins et d'archanges, madame Ségalas ajoute :

Tu sais bien, ta petite amie ?
Elle est aussi près du Seigneur.

Comme ses compagnes nouvelles,
Elle tient un gentil rameau;
Sur le dos on lui mit deux ailes
Pour suivre au vol l'ange et l'oiseau;
Et parfois, quand elle est bien sage,
Le bon Dieu lui permet encore
D'aller jouer sur un nuage
Ou bien dans une étoile d'or.

Au milieu de ce premier volume, où

l'inexpérience de l'art se trahit quelquefois, l'auteur a, selon nous, le tort grave de traiter certains sujets antipathiques à sa nature.

Ainsi nous le voyons avec chagrin consacrer sa verve et ses rimes à Chodruc Duclos, ce Diogène absurde du dix-neuvième siècle qui effraya de sa présence pendant quinze ans les galeries du Palais-Royal.

> Oh! regardez-le bien marcher contre les grilles,
> Chodruc, pensif, railleur, philosophe, effronté,
> Superbe, et se faisant une immortalité
> Avec quelques vieilles guenilles.

Jacques Arago, cet Homère burlesque de notre littérature, a écrit les *Mémoires* de Chodruc.

Il raconte qu'au milieu des livres du personnage, à côté de la vie du cynique d'Athènes, on trouva la lettre suivante, adressée à madame Ségalas :

« Madame,

« Le malheur vous remercie du rayon de jour que vous avez jeté dans mon âme. Il vous bénit, et prie Dieu pour que vous ne connaissiez jamais l'ingratitude.

« Merci, poëte.

« Émile Chodruc Duclos. »

Fausse ou véritable, cette anecdote nous touche peu.

Chodruc, ennemi du travail et *poseur* insolent, ne fut jamais un philosophe sincère. Il n'avait d'autre but que d'humilier, par l'étalage de ses haillons immondes, d'anciens camarades, qu'il accusait d'être ingrats, et dont il enviait l'opulence.

En feuilletant les *Oiseaux de passage*, nous trouvons plusieurs pièces poétiques aussi mal inspirées.

Déjà célèbre, et comblée de félicitations par de nombreux amis, notre jeune muse ne savait pas résister à leur désir, quand ils lui donnaient à traiter des matières de leur choix.

Elle se trouvait, un jour, au château du Vivier, dont l'avocat Parquin venait de faire l'acquisition.

C'était une propriété charmante, un site fort pittoresque.

A l'extrémité du parc, s'élevaient les ruines d'une ancienne résidence royale du temps de Charles VI.

Il y avait plusieurs tours, à moitié démolies, et la principale, appelée tour des Oubliettes, laissait voir des têtes de mort et des ossements épars çà et là dans son enceinte.

— Anaïs, dit madame Parquin, ces restes ont appartenu sans doute à de malheureuses victimes des vengeances féodales. Faites-nous là-dessus quelques strophes.

— Miséricorde! y songez-vous? C'est trop sombre! dit notre héroïne, qui, depuis son arrivée à la campagne, ne songeait à chanter que le printemps et les fleurs.

C'était la première fois qu'elle opposait un semblant de résistance.

— Elle fera des vers sur la tour des

Oubliettes, murmura tout bas la châtelaine, ou elle dira pourquoi.

Souvent Anaïs allait se promener au clair de lune, du côté des ruines. Elle aimait à rêver seule au chant de la brise et du rossignol, sous les pâles rayons qui filtraient à travers les grands arbres ou qui venaient caresser les ogives des tours.

Ce soir-là, sa promenade fut effrayée par des gémissements plaintifs, sortant du vieux manoir.

La jeune femme aperçut d'abord une lumière sous les voûtes de l'ancienne résidence de Charles l'insensé; puis la terreur cloua ses pieds au sol, quand elle vit débusquer de la tour des Oubliettes une grande forme blanche, surmontée d'une tête de mort, dont les yeux creux lançaient des lueurs sépulcrales.

Glissant jusqu'à madame Ségalas, et lui saisissant le bras avec force, le fantôme lui dit :

— Je suis l'âme qui animait autrefois cette tête. Cherche à deviner ce que j'ai pu être il y a tantôt cinq cents ans ; consacre-moi des vers, et chante la ruine humaine qui fut mon corps. Je le veux, je te le commande !

Or le timbre de voix de cet habitant de l'autre monde frappa notre muse.

— Permettez !... Je ne crois pas aux fantômes, chère amie, s'écria-t-elle.

N'ayant plus le moindre reste de frayeur, elle souleva le linceul et découvrit le visage de madame Parquin, qui tenait au bout d'une pique la tête de mort, intérieurement illuminée d'une bougie.

— Aurai-je mes strophes au moins? demanda la châtelaine.

— Oui, certes; vous les avez bien gagnées, répondit Anaïs.

Et voilà comment la pièce qui a pour titre *Une Tête de mort* se trouve dans le premier recueil poétique de madame Ségalas.

Cette pièce est médiocre et sent la complaisance.

Nous préférons celles où l'auteur obéit à ses propres inspirations plutôt qu'aux égards dus à l'hospitalité. Le *Prêtre*, — la *Jeune Fille mourante*, — la *Pauvre*

Femme, — *Une Mère à son enfant*, — la *Petite Anna* et *l'Éducation de l'enfant de chœur* sont des modèles de poésie tendre et pieuse.

Qui sait le début sait la fin, autre morceau très-remarquable de ce volume, toucha beaucoup de prisonniers et développa dans leur âme des germes salutaires.

Madame Ségalas reçut des missives datées de Sainte-Pélagie et du bagne de Brest.

Un jeune homme condamné à cinq ans de fers la supplia de lui envoyer quelques lignes de sa main pour le soutenir et lui rendre le courage.

Cette dernière lettre fut apportée au poëte par un digne prêtre qui avait connu le malheureux jeune homme en allant prêcher à Brest et en visitant le bagne.

Le prêtre avait pardonné ; le monde n'avait pas le droit d'être plus sévère que lui.

Madame Ségalas envoya la réponse.

Aujourd'hui, le condamné, libre de sa chaîne, efface par une conduite sans reproche le souvenir de sa première faute.

Certes, la poésie qui obtient des résultats semblables a droit à tous nos éloges.

Foin des rimeurs plus habiles qui excitent les passions, et chantent les joies impures du matérialisme ! Ceux-là conduisent les gens au bagne, et ne les en ramènent point avec le repentir.

Un grand seigneur russe, le prince Elim Metscherski, était l'un des plus chauds admirateurs de cette moralité constante qui règne dans les œuvres du poëte dont nous écrivons l'histoire.

Poëte lui-même, le prince envoya de Saint-Pétersbourg à l'auteur des *Oiseaux de passage* une scène dramatique versifiée, lui annonçant, en outre, qu'il espérait bientôt venir à Paris et lui demander conseil, avant l'impression d'un autre poëme qui s'intitulait les *Roses noires*.

— Voilà qui est bien funèbre! dit machinalement notre héroïne.

Un mois après les journaux lui annoncent l'arrivée du prince.

Elle attend sa visite; mais elle ne reçoit qu'une lettre qui la prie de se rendre à la chapelle russe, pour assister aux funérailles de l'auteur des *Roses noires*[1], mort le soir même de son installation dans la capitale.

Le titre du premier recueil de notre muse est en contradiction formelle avec son caractère. Elle ne ressemble en aucune sorte aux oiseaux de passage, dont l'humeur est si vagabonde, et qui changent éternellement de ciel et de climat.

Née dans la maison qu'elle habite aujourd'hui, toute excursion hors des murs de la capitale lui semble fâcheuse, et jamais elle ne franchit la barrière sans un sentiment de regret.

[1] Ce poëme du malheureux prince a été publié. Madame Ségalas en a rendu compte dans les journaux.

Par exemple, il n'en est pas ainsi de la barrière du manége.

Madame Ségalas, — nous la supplions de ne pas se formaliser de notre révélation indiscrète, — passe pour la plus brillante amazone de l'époque.

Elle est élève de Baucher, qui lui enseigna les principes littéraires et poétiques de la demi-volte et du galop à deux pistes.

Un jour, au moment où elle se disposait à partir pour l'école d'équitation, M. Ségalas abusa pour la première fois de son autorité d'époux; il retint madame au logis, sous prétexte qu'on allait exécuter, ce jour-là, un exercice beaucoup trop périlleux.

Madame trouva, comme de juste, ce despotisme intolérable.

Sur ces entrefaites, Monsieur reçoit la visite d'un client. Notre amazone aussitôt de s'échapper et de courir au manége.

Le mari, prévenu de sa fuite, veut la rejoindre, mais il arrive trop tard. Madame est en selle; Madame galope intrépidement dans l'enceinte; Madame, sous les yeux mêmes du despote effrayé, pousse l'héroïsme de la désobéissance jusqu'à faire sauter trois fois à son cheval une barrière de cinq pieds de hauteur.

D'aussi magnifiques succès en équitation ne lui donnent cependant pas le goût des longues chevauchées et des voyages.

Elle se promet bien surtout de ne plus retourner à Dieppe, où elle a failli se noyer et être brûlée le même jour.

Voici l'anecdote.

Après avoir admiré l'Océan du haut de la jetée, madame Ségalas eut tout naturellement la fantaisie de faire une promenade en bateau.

— Comme il te plaira, lui dit son mari, très-décidé, depuis l'aventure du saut de la barrière, à ne mettre obstacle à aucun de ses désirs.

On se confia aussitôt à l'élément perfide sur un frêle esquif, dont le nocher avait nom Chauvin.

C'était un original, qui appelait sa barque une *frégate* et qui se décorait personnellement du titre pompeux de capitaine.

Rien à cela de bien répréhensible.

Mais, à côté de ce petit défaut d'orgueil, le capitaine Chauvin en avait un plus grave.

Il manifestait pour l'eau, salée ou non salée, une horreur profonde, et, comme la chaleur était grande, il se désaltérait avec du rhum, tout en conduisant nos époux.

— Assez!... retournons! cria madame Ségalas, voyant cet étrange pilote quitter à chaque minute le gouvernail pour la bouteille.

Se disposant à obéir et à virer de bord, le capitaine Chauvin fit une manœuvre si maladroite, qu'il jeta sa prétendue frégate juste au milieu d'un banc de sable, entouré de rochers.

L'esquif s'y enfonça profondément du côté de la proue, tandis que la poupe restait battue par les vagues et se voyait menacée d'immersion.

Par bonheur, on était en vue de la jetée.

Un mendiant, que madame Ségalas rencontrait tous les matins dans sa promenade sur la grève, et auquel jamais elle n'avait refusé l'aumône, s'élança dans les flots au secours de sa bienfaitrice.

Il atteignit la barque.

Chauvin, dégrisé par l'imminence du péril, put se retirer du banc de sable avec le secours de cet homme.

Quelques minutes après, on regagnait la terre, malgré les instances du capitaine, qui suppliait les promeneurs de rester dans sa *frégate*.

— Cinq cents personnes viennent d'être

témoins de l'accident, s'écriait-il ; je suis un homme déshonoré, si vous me quittez tous les deux !

Or M. Ségalas, qui tenait probablement à sauver l'honneur du capitaine Chauvin, laissa madame sur le rivage, n'écouta ni ses supplications ni ses plaintes, et continua bravement sa promenade maritime.

Rentrée seule à l'hôtel, la jeune femme rêvait tempête et naufrage, quand tout à coup retentissent de grandes clameurs.

Elle ouvre sa porte et veut sortir.

— Impossible ! Un incendie vient d'éclater dans la maison même. Toutes les galeries voisines sont encombrées de gens qui organisent la chaîne.

Saisie d'effroi, elle ouvre précipitamment sa fenêtre. Deux mille personnes lui crient de la rue :

— Vite! vite! descendez, les flammes vous gagnent!

On applique une échelle au mur. Madame Ségalas est obligée d'enjamber son balcon et de descendre du second étage, soutenue par un pompier.

L'eau et le feu dans un même jour, c'était trop.

Notre héroïne regagna Paris avec la fièvre. Elle fit une maladie de trois semaines et renonça pour jamais aux voyages.

Vers cette époque, les soins et le bonheur de la maternité contribuèrent encore à l'affermir dans ses habitudes sédentaires. Assise au berceau de sa fille, elle composa le volume des *Enfantines*, qui, selon nous, est son chef-d'œuvre.

> Bonjour, petit enfant, petit roseau qui penches,
> Bonjour, mon diamant.
> Dis, ma Bertile, dis, colombe aux plumes blanches
> Qui viens du firmament,
> Quels dons as-tu reçus de Jésus, de sa Mère,
> De l'ange Gabriel,
> Qui t'ouvrirent en pleurs, pour t'envoyer sur terre,
> Les portes d'or du ciel ?

Ce livre, si nous pouvons nous exprimer de la sorte, est une véritable source jaillissante de tendresse maternelle et de pensées chrétiennes. Le premier bégayement de sa fille, son premier pas, son premier sourire, tout contribue à dicter à madame Ségalas des pages ravissantes.

Voici que la raison s'éveille avec l'intelligence. La voix de la jeune mère a d'autres accents.

Il s'agit d'étudier l'histoire, la géographie, la botanique; il faut même prendre une teinture de la science des Buffon et des Cuvier.

Mais apprends donc à lire, ô mon beau lutin rose !
Tous nos livres jaseurs te diront mainte chose.
L'histoire, à deux battants t'ouvrant les vieux palais,
Te parlera des rois, de leur bonheur étrange,
De leurs couronnes d'or, moins douces, ô mon ange !
  Que tes couronnes de bluets.

Tu les verras jouer à la pourpre, aux royaumes,
Aux combats, puis passer ainsi que des fantômes.
Tout ce pouvoir royal, tu le comprendras, toi,
Frêle et charmant tyran, souveraine légère,
A l'empire absolu : sous le toit d'une mère,
  Le hochet d'un enfant est un sceptre de roi.

Puis on t'indiquera, dans des pages fidèles,
Les grands fleuves, les monts, escaliers des gazelles;
Le Nord couvert de neige ainsi que d'un manteau,
Et l'Orient magique, où le soleil de flamme
Luit dans le diamant, dans les yeux de la femme
  Et sur les plumes de l'oiseau.

D'autres livres plus frais, printanières corbeilles,
Te peindront les œillets, les grenades vermeilles,
Les fraises de corail, le saule au front tombant,
Et le cèdre géant dont la grandeur te raille :
L'aigle et le moucheron sont de la même taille
Sur ses larges rameaux qui couvrent le Liban.

Puis, ailleurs, tu verras le daim sur la bruyère ;
Le lion souverain, dont la fauve crinière
Est le manteau royal ; le vautour furieux ;
Le petit colibri dont la plume étincelle :
La main de Dieu jeta des rubis sur son aile,
 Comme des brillants dans tes yeux.

Sans l'éducation du cœur l'éducation de l'esprit n'est jamais féconde et devient même un péril.

Notre poëte ne l'ignore pas.

Après avoir fermé le livre de la science, il ouvre celui de la prière.

Et vous, petits enfants, n'avez-vous rien à dire
Au Dieu qui vous donna vos mères et vos sœurs ?
Il écoute ; il est bon, et vers lui vous attire.

On vous aime là-haut. Dieu, penché sur vos cœurs,
Recueille chaque soir leurs parfums qu'il respire :
Des prières d'enfants, c'est un encens de fleurs.

Viennent ensuite les premiers pas à l'église.

Écoute, la cloche nous appelle !

Ce temple à la tour majestueuse, aux vitraux splendides, c'est la maison du Seigneur. Tous les saints, couronnés de l'auréole, se rangent sous le portail de pierre

Pour compter les enfants qui viennent prier Dieu !

Regarde tout au fond la chapelle fleurie
De la reine du ciel, qu'on appelle Marie ;
Là tout est blanc et frais comme tes jeunes ans.
Oh ! vois sur cet autel, qui parle à nos deux âmes,
Une Vierge au front pur pour soutenir les femmes,
Un nouveau-né divin pour sourire aux enfants.

Ne sois pas si distraite en priant, ma colombe.
Pour que d'en haut sur nous un regard de Dieu tombe,

Il faut que notre cœur, illuminé, tremblant,
Soit, comme un encensoir, plein d'une sainte flamme;
Car, vois-tu, la prière est un encens de l'âme,
Et n'a de parfum qu'en brûlant.

Le poëme de madame Ségalas renferme toute une épopée suave et pleine de charme.

C'est un jardin merveilleux, où l'enfance cueille les sentiments purs et les vertus, comme on cueille les roses. L'Aumône, — les *Fées*, — la *Petite Voyageuse*, — les *Grand'Mères*, — les *Vacances*, — les *Images de la Bible*, — le *Bal d'enfants* et une foule d'autres morceaux contiennent de grandes beautés.

Jugez-en par les strophes suivantes.

L'auteur parle à sa fille, âgée de sept

ans, et déguisée en marquise pour aller fêter le carnaval au Jardin d'Hiver.

Viens vite... Où donc es-tu, ma charmante lutine ?
Mais que vois-je ? Une vieille au casaquin soyeux,
Aux cheveux tout couverts de poudre blanche et fine,
    Cette neige de nos aïeux.

Vous ressemblez, Madame, à mon enfant candide :
C'est bien son air naïf, ses yeux au doux rayon ;
Cette petite vieille est une chrysalide
    Qui doit cacher mon papillon.

Votre peau satinée a le duvet des pêches ;
Votre costume sort d'un tiroir du vieux temps,
Mais vos grâces d'enfant sont prises toutes fraîches
    Dans la corbeille du printemps.

Marquise, vous voulez paraître grave et sage,
Sous un rouge de cour voiler votre candeur ;
Vous avez à la fois le fard sur le visage
    Et l'innocence dans le cœur.

En quittant le hochet qui vous séduit encor,
Il vous faut la béquille, et votre pas chancelle ;
Mais vos souliers de vieille, à larges boucles d'or,
    Renferment deux pieds de gazelle.

Venez, venez, marquise!... Au loin tout est chanson...
Une chaise à porteur sera votre équipage,
Et vous y pèserez comme un petit pinson
   Que l'on porte dans une cage.

Il est difficile de rien lire de plus frais et de plus gracieux.

Madame Ségalas n'est pas seulement poëte, elle est auteur dramatique[1]. Cinq pièces de sa composition furent jouées, à diverses époques, sur les scènes parisiennes.

[1] Pendant quatre ans, de 1848 à 1852, elle fut chargée dans le *Corsaire* des comptes rendus de livres et de théâtre. Ce travail, par sa responsabilité comme par son étendue, ne manque pas d'une certaine importance. Il comprend au moins une centaine de feuilletons. L'*Estafette*, le *Commerce*, le *Cabinet de lecture*, le *Musée des Familles* et la *Tribune dramatique*, à l'époque où elle était dirigée par Emmanuel Gonzalès, ont publié de madame Ségalas une foule d'articles de genre et de nouvelles, dont les plus importantes ont été recueillies en volume par la librairie Louis Janet, sous le titre de *Contes du nouveau Palais de Cristal*.

En 1847, elle présenta au comité de lecture du second Théâtre-Français un drame en trois actes et en prose, intitulé la *Loge de l'Opéra*. Reçue par l'administration Lireux, cette pièce n'eut les honneurs de la rampe que sous le règne du grand Bocage, et le parterre de l'Odéon, le plus terrible de tous les parterres, accueillit par des bravos les débuts de l'auteur des *Enfantines* dans ce nouveau genre.

Encouragée par la réussite, madame Ségalas apporta, l'année suivante, au même théâtre sa comédie du *Trembleur*.

C'est une bluette de circonstance, finement conçue et semée de jolis couplets. Un bourgeois peureux serre les cordons de sa bourse, rogne la toilette à sa femme, la sèvre des plaisirs du monde, et ne tarde pas à reconnaître que, s'il doit trembler, c'est moins pour ses écus que pour le repos et le bonheur de son ménage.

Un des principaux interprètes de l'œuvre, M. Victor Henry, passe tout à coup à la direction de la Porte-Saint-Martin.

Il demande un manuscrit à madame Ségalas, et celle-ci lui offre les *Deux Amoureux de la grand'mère*, vaudeville assez triste, qui ne ramena point au théâtre les recettes fugitives.

L'époque, du reste, était fatale aux administrations dramatiques.

Deux autres pièces de notre héroïne, les *Inconvénients de la sympathie* et les *Absents ont raison*, nous semblent peu dignes des honneurs de l'analyse.

Il n'appartient point à une nature fine,

délicate et rêveuse comme celle de madame Ségalas, d'écrire ces folles compositions appelées *levers de rideau.*

Joués à la Gaîté, pendant que les ouvreuses apportaient les petits bancs et que le public se plaçait pour le mélodrame, les *Inconvénients de la sympathie* ne renfermaient pas assez de coups de pied, de soufflets, de meubles renversés et d'assiettes brisées pour dominer le tumulte.

Les succès intimes, c'est-à-dire ceux qui s'obtiennent en petit comité, sans avoir la sanction du public, détournent presque toujours un écrivain de sa route.

Nécessairement, chez madame Ségalas, la fantaisie de composer des drames et des vaudevilles a dû venir à la suite des bravos qu'elle recueille en sa qualité de charmante actrice de salon.

Tour à tour, devant une société d'élite, elle interpréta les rôles de Déjazet, de madame Allan, de madame Volnys.

Puis, sa position de femme du monde ne lui permettant pas d'aborder les grandes scènes comme comédienne, elle voulut du moins les aborder comme auteur.

Selon nous, ce ne fut point une idée heureuse.

Pour tout ce qui est relatif au théâtre, nous conseillons à notre muse de ne pas se livrer à trop d'excursions hors de la bonbonnière dramatique ouverte par madame Perrière-Pilté.

Nos lecteurs savent ou ne savent pas

que cette dame, une de nos Parisiennes les plus brillantes, s'est mise en rivalité directe avec l'hôtel Castellane.

Elle a fait construire, au milieu de son jardin, une petite salle délicieuse, inaugurée, cet hiver même, par un opéra de sa façon, dont Lefort et Madame Sabatier voulurent bien être les interprètes.

Un seul acte ne pouvant remplir la soirée, quelqu'un propose d'y joindre la comédie de *Brueys et Palaprat.*

Tout s'arrange ; les rôles sont distribués. Celui de mademoiselle de Beauval échoit à madame Ségalas.

Mais, aux répétitions, l'acteur qui doit jouer Palaprat manque à l'appel.

C'était M. de Custé, l'une des colonnes

de l'hôtel Castellane. Il avait cru pouvoir déserter et montrer ses talents sur une autre scène.

Or, chacun le sait, l'hôtel Castellane est fort orgueilleux de sa gloire.

La troupe illustre du faubourg Saint-Honoré s'émeut.

On enjoint expressément à M. de Custé d'avoir un rhumatisme, et M. de Custé pousse l'obéissance jusqu'à déclarer que ce rhumatisme est aigu.

Grand embarras chez madame Perrière-Pilté.

Sept ou huit personnages veulent aborder le rôle, mais ils se heurtent à d'insurmontables difficultés, et se retirent. On est à la veille de la représentation : point de Palaprat.

La maîtresse du logis décide que le rôle sera lu.

— Y songez-vous? crient les acteurs.

— Alors, dit madame Ségalas, il faut intituler la pièce *Brueys sans Palaprat.*

— Non, repart M. Karl Daclin, jeune poëte qui représentait le duc de Vendôme; il est clair que nous aurons une chute : donc, le titre doit être *Brueys... et Pataras!*

Mais tout à coup, au grand désespoir de l'hôtel Castellane, un excellent artiste de la Comédie-Française,[1] consent à rem-

---

[1] Delaunay, qui avait débuté, pour ainsi dire, à l'Odéon, dans une pièce de madame Ségalas. Il est à présumer que celle-ci ne fut point étrangère à son appel et à l'acceptation du rôle.

placer M. de Custé. Nos acteurs de salon le reçoivent à bras ouverts.

Une seule répétition suffit au nouveau venu.

Les lustres s'allument; la petite salle regorge de spectateurs, et M. Karl Daclin improvise le joli prologue d'ouverture qui va suivre.

On trouvera tout simple, après l'avoir lu, que l'auteur de ces vers faciles ait remporté, depuis, la première palme poétique au concours offert par la Société des gens de lettres.

Ce soir, vingt-deux janvier, quand s'enfuira le jour,
Par ordre, on donnera grand spectacle à la cour :
Primo (pourvu qu'au moins la chose se soutienne),
Brueys et Palaprat, un acte par Étienne.

A l'instant décisif Palaprat nous manquait!
De jouer en boitant notre acteur se piquait;
Mais jouer quand on souffre encor d'un rhumatisme,
Est aussi malaisé que de trancher un isthme.
Il fallait donc trouver pour doubler cet emploi
Un esclave soumis. Or nous trouvons un roi!
C'est monsieur Delaunay, maître et souverain juge,
Du Théâtre-Français complaisamment transfuge,
Qui veut bien nous prêter, pour une heure, messieurs,
Le charme de sa voix et l'esprit de ses yeux.
Chacun de vous serait heureux, je me figure,
D'avoir à son habit une telle doublure.
Le reste de la troupe est médiocre, hélas!
Heureusement pour nous, madame Ségalas,
Qui, charmante, avec art de tout rôle s'acquitte,
Pourra, si la mémoire infidèle nous quitte,
Trouvant dans son esprit d'ingénieux moyens,
Remplacer tous les vers d'Étienne par les siens.
Quant au pauvre Vendôme, on a tout lieu de croire
Qu'il sera bel et bien sifflé par l'auditoire!
Secundo : — pour final, pour dessert, pour bouquet,
Un proverbe lyrique, attrayant et coquet,
Jaloux de soi, pensée heureuse et charmant titre,
Au livre du talent délicieux chapitre,
Mélange harmonieux de soupirs, de bémols,
Qui sera gazouillé par quelques rossignols :
Madame Sabatier, sans qui n'est point de fêtes,
Et qui tient un collier de notes toujours prêtes;
Puis un chanteur aimable et tendre sans effort,

Voix douce et sympathique, — on devine Lefort.
Puis enfin un talent vanté de Brest à Rome,
Jeune fille ou fauvette au gosier pur, qu'on nomme
Zoloboujean, un nom qu'on est fier d'annoncer,
Un nom doux à nos cœurs, mais dur à prononcer!
Quant à l'auteur, amie ou sœur de Philomèle,
Je dois taire son nom; la défense est formelle.
Pourtant (c'est un moyen de le dire à peu près)
Je ne vous plaindrai pas de venir tout exprès,
Conduits par un cocher qui regimbe et raisonne,
Dans ce lointain faubourg, quartier de Babylone;
Lorsque, dédommagé par la juste Thémis,
On trouve à Babylone une Sémiramis,
On peut bien, écartant toute pensée ingrate,
Traverser en coupé la Seine ou bien l'Euphrate.
Enfin, si du danger l'imprudence est la sœur,
Que chacun soit tranquille, un parfait régisseur,
De qui l'activité doit certe être applaudie,
Nous sauvera, Messieurs, de tout cas d'incendie...
A moins que, pour répondre à de joyeux bravos,
Guidés qu'ils sont d'ailleurs par un chef sans rivaux,
Nos acteurs, combattant sans craindre de revanches,
Enflammés par le jeu, n'aillent brûler les planches!
Oui, mais ce n'est pas tout: il faut, c'est là le *hic*,
Que dans un vrai théâtre on ait un vrai public.
Mesdames, le silence est bon quand on est quatre;
Mais, lorsqu'on est trois cents, que les mains doivent battre!
Applaudissez bien haut, faites beaucoup de bruit,
C'est devant le repos que la gaieté s'enfuit.

Que la joie et l'ardeur soient bien vives, bien franches;
Que vos gants déchirés laissent voir vos mains blanches;
Faites épanouir vos lèvres de corail,
Mais ne les cachez pas derrière un éventail.
Nous jouerons tous gratis... C'est un beau sacrifice;
Mais un regard de vous c'est plus qu'un bénéfice!
Et vous, messieurs, rendez notre bonheur complet.
Pour nous encourager, moquez-vous, s'il vous plaît,
Du froid *qu'en dira-t-on*, de la morne étiquette.
Faites à la rigueur agir sous la banquette
Vos escarpins vernis, purs de tout mac-adams;
Frappez sur vos chapeaux, en guise de tamtams!
Mais, direz-vous, mon casque est neuf, et je préfère...
Chut!... Voici le moyen de vous tirer d'affaire;
Je donne ma recette en homme généreux :
Si tout à l'heure ici votre poing valeureux
Fait à votre castor une bosse choquante,
On peut le retaper pour quatre francs cinquante.

Bref, je finis mon speech en demandant à Dieu,
Si nous tombons à plat, d'être sifflés... très peu.

M. Karl Daclin ne fut pas sifflé du tout.

Les bravos se partagèrent entre lui, mademoiselle de Beauval, Delaunay et les trois rossignols annoncés par le prologue. L'hôtel Castellane vit sa gloire éclipsée.

Dans la liste des œuvres théâtrales de madame Ségalas, il faut mentionner un petit opéra-comique, dont M. Émile Durand, jeune lauréat de l'Institut, composa la partition, et qui fut chanté par madame Lefébure-Vély et Jules Lefort.

Quelques jours après la représentation de cet acte, les domestiques de notre muse lui annoncent le pasteur d'une église voisine, M. l'abbé Dancel, dont le dévouement et la charité sont infatigables.

— Madame, lui dit le prêtre, je me permets de vous faire visite au nom de mes pauvres.

— Soyez le bienvenu, monsieur le curé,

répond la maîtresse du logis, offrant un fauteuil et se préparant à contribuer à une quête.

— J'ose espérer que vous accueillerez ma demande, reprit l'abbé Dancel. Avant tout, je me suis mis en mesure, et j'ai la permission de l'autorité supérieure.

— De l'archevêque de Paris ?

— Non, madame, de M. Camille Doucet, chef de la section dramatique au ministère d'État.

— Mais ne disiez-vous pas, monsieur le curé, qu'il s'agissait de vos pauvres ?

— Sans doute. Je sollicite en leur nom votre opéra-comique. Oui, madame, continua-t-il en souriant de la surprise de la muse, je vous demande, au nom de l'Église, le concours du théâtre.

— Est-ce possible?

— On jouera votre pièce dans un concert de bienfaisance. Les arts viennent de Dieu, madame ; il est permis à la religion de les appeler pour une bonne œuvre.

Comme on le devine, l'auteur s'empressa d'accorder l'autorisation réclamée par le bon prêtre.

Il est temps d'ouvrir le troisième recueil poétique de madame Ségalas, qui a pour titre la *Femme*[1], et dont une autre

[1] Elle prépare en ce moment un quatrième recueil, où les lecteurs retrouveront quelques-unes de ces charmantes poésies fugitives publiées, dans ces derniers temps, par les journaux. Ce sont les *Église des*

sœur d'Apollon, madame Louise Colet, a cru devoir emprunter le plan dans tous ses détails.

Peut-être est-elle excusable.

Deux fauvettes chantent naturellement sur la même note.

En écrivant la préface de cette œuvre, madame Anaïs Ségalas déclare qu'elle n'a jamais appartenu à la horde furibonde de ces bas bleus révolutionnaires qui agitent l'étendard de l'émancipation conjugale et politique.

Paris, — les *Démolitions*, — le *Jour de Madame*, — le *Dimanche*, — la *Charité parisienne*, — et le *Petit Sou neuf*. Un album complaisant a bien voulu nous laisser prendre, pour autographe, quelques strophes de cette dernière pièce, écrites et signées par l'auteur.

« Je n'ai pas à me reprocher, dit-elle, le moindre hémistiche saint-simonien, et je n'entame la *Marseillaise* sur aucune page. »

C'est précisément là, madame, ce qui nous plaît en vous.

La femme reste au foyer. Dieu lui assigne cette place et lui interdit de la façon la plus expresse les agitations tumultueuses du forum, où ses chastes voiles seraient bien vite en lambeaux.

« Elle a pour mission de spiritualiser ce monde que l'homme dirige. La hausse ou la baisse pour elle, c'est le sourire ou la souffrance de son enfant. Au lieu d'accroître les plaies sociales, elle doit les panser et les guérir. »

— Oui, madame, c'est là son destin...

— Votre poëme est rempli de nobles sentiments et de justes critiques.

Nos chevaliers n'ont plus ni l'amour ni la foi.
La Bourse, où le veau d'or luit sous les colonnades,
Nouvelle terre sainte, est le but des croisades,
Et c'est au lansquenet que s'ouvre le tournoi.

— Tout cela est bien vrai, madame.

— Aujourd'hui, nos reines de salon laissent tomber la baguette magique de leurs aïeules. Elles ne sont plus les fées protectrices qui arrêtaient l'essor des mauvais instincts et favorisaient l'élan des actions généreuses.

— Comment donc! Nous pourrions vous en citer, et des plus jeunes, et des plus charmantes, qui spéculent sur le Strasbourg!

— On les voit demander au Grand Central un surcroît de diamants, et le Crédit foncier double leurs crinolines.

Pauvre siècle !

Après avoir excité la femme du monde à ressaisir le sceptre qu'elle a perdu, madame Ségalas consacre quelques rimes à la grisette :

Bijou du peuple, allons, fais gazouiller ta voix,
Fauvette des greniers, auprès du ciel posée,
J'aime à te voir penchée à ta simple croisée,
Vierge de Raphaël dans un cadre de bois.

Dans ta chambre aux murs blancs et nus, point de richesse;
Mais un joyeux soleil qui dore tes lambris,
Un tout petit miroir qui t'appelle sans cesse;
Ce miroir-là vaut bien des glaces de duchesse :
C'est un humble ruisseau qui reflète un beau lis.

Ma petite princesse à la robe de toile,
Le passant t'aperçoit rayonnant près des toits;

Il te voit tout en haut briller comme une étoile ;
Mais que ton doux éclat sous la pudeur se voile,
Car, si l'étoile brille, elle tombe parfois.

Reste dans ta mansarde et ne hante pas les bals, ma douce colombe ! Le travail est ton ange gardien ; c'est lui qui doit suffire aux besoins de ton humble toilette.

Ne porte de brillants qu'au fond de tes beaux yeux.

Et, si quelque brave ouvrier, loyal et rude, vient te dire : « Voulez-vous être ma femme ? »

Oh ! dans sa large main laisse aller ta main blanche !
Gagnez en travaillant la robe du dimanche
Et le feu de l'hiver. Tous deux bénis du ciel,
Vous pourrez conquérir votre pain dans vos veilles :
Les maisons d'ouvrier sont des ruches d'abeilles,
C'est avec le travail qu'on les remplit de miel.

Voici maintenant la paysanne. Le décor change.

Madame Ségalas varie ses tableaux et ses couleurs. Son rhythme élastique vibre sur des cordes différentes et n'a jamais le défaut d'être monotone.

Allons, prends ta faucille, et, la gaieté dans l'âme,
    Jeannette au teint vermeil,
Fais ta gerbe d'épis sous la gerbe de flamme
    Des rayons du soleil.

Va semer trèfle blanc, luzerne violette,
    Lin gris pour les fileurs,
Beau sainfoin rose et pourpre; et peins-nous sans palette
    Un paysage en fleurs.

Mais tu rentres, tu prends ton fuseau. Plein de joie,
    Pierre te fait la cour;
Et tu files du lin, des jours d'or et de soie,
    Et le parfait amour.

En souliers de satin, mainte femme qui brille
    Courut à la douleur;
Toi, dans tes gros sabots, robuste et belle fille,
    Tu marches au bonheur.

En écrivant les *Enfantines*, madame Ségalas chantait uniquement pour les mères.

Ici la tâche qu'elle s'impose est plus vaste.

Représenter la femme dans ses conditions diverses, et chercher à la rendre plus parfaite et plus heureuse, en reproduisant avec franchise ses qualités, ses défauts, ses souffrances, voilà, comme elle nous le dit elle-même, le but qu'elle veut atteindre.

Parmi les morceaux les plus remarquables de l'œuvre, on doit citer les *Deux Mères*, — la *Femme artiste*, — la *Vieille Fille*, — l'*Émeute*, dédiée aux femmes du peuple, et la *Sœur de charité*.

Votre maison, ma sœur, c'est la maison bénie ;
Du ciel, d'où vous venez, c'est une colombe.
Là, vous prenez l'enfant par sa petite main ;
Il épelle avec vous son livre et sa croyance.
A voir vos yeux si purs, son front plein d'innocence,
On dirait d'une sainte auprès d'un chérubin.

Mais cette maison s'ouvre et vous livre passage ;
Ce n'est qu'un colombier, ce n'est pas une cage.
Vous dédaignez le cloître et ses vaines rigueurs ;
Car vous ne pourriez pas, ô courageuse fille !
A travers les barreaux de son étroite grille,
Passer vos douces mains pour essuyer des pleurs.

Nous avons multiplié les citations dans ce volume, et nous agissons de même toutes les fois que nous sommes en présence d'un poëte ou d'un écrivain auxquels, selon nous, la publicité n'a pas rendu toute la justice désirable.

Sainte-Beuve, qui consacre de longs articles au chantre des *Pleurs* et à madame Tastu, s'est montré parfaitement injuste en oubliant madame Ségalas dans ses *Portraits contemporains.*

Il devait dire aussi de notre héroïne :

« Ses vers harmonieux ont aidé dans l'ombre bien des cœurs de femme à pleurer. L'avenir ne l'oubliera pas, et, dans le recueil définitif des *Poetæ minores* de ce temps-ci, un charmant volume devra contenir sous son nom quelques idylles, quelques romances, beaucoup d'élégies, toute une gloire modeste et tendre. »

Madame Ségalas est le poëte des mères, des enfants et de la famille.

Entraînée vers les aspirations chrétiennes et les sentiments purs, elle excelle dans les chants religieux et dans les naïfs tableaux du foyer.

Tous les élans de son cœur sont pour l'enfance bénie; elle lui enseigne la foi, l'amour, la prière.

> Quoi ! tu n'as pas prié ce matin ? Mais c'est l'heure !
> Dieu te donne ton pain, ton soleil, ta demeure,
> Sans rien te demander que de l'aimer un peu;
> Tu pourrais bien au moins lui dire : Merci, père.
> La Vierge va, là-haut, s'écrier en colère :
> Oh ! le vilain enfant qui n'a pas prié Dieu !

Nous devons classer madame Ségalas au nombre des muses qui ont salué l'Empire avec enthousiasme.

Elle est payée pour avoir en haine l'émeute et les troubles de la rue.

Aux journées de Juin, son mari, chef de bataillon de la garde nationale, fut obligé d'aller combattre et de laisser sa femme au milieu du foyer même de l'insurrection.

L'hôtel de la rue de Crussol gardait un dépôt d'armes qui lui avait été confié par la mairie.

Sommée par les combattants populaires de livrer ces armes, madame Ségalas fit mettre les baïonnettes aux fusils, puis invita toutes les dames du voisinage à se joindre à elle et à résister.

Fort heureusement, la garde mobile entra dans la rue pour empêcher le massacre de ces courageuses amazones.

Après de semblables transes, on conçoit que notre héroïne ait chanté les *Violettes et les Abeilles*. Un riche bracelet lui fut envoyé de l'Élysée, en récompense de cette pièce de vers.

M. Lerouge, maître de ballets du Cirque, demanda ce morceau pour en personnifier les strophes. Il voulait faire danser devant l'empereur la poésie de madame Ségalas.

Par malheur, un de nos intrépides vaudevillistes s'empara du titre et le posa comme étiquette sur une revue.

Ces messieurs n'en font pas d'autres.

Le plagiaire arriva le premier sur l'affiche du Vaudeville, et M. Lerouge, de dépit, arracha les ailes à ses sylphides.

Madame Anaïs Ségalas travaille, rue de Crussol, au milieu d'une solitude et d'un silence absolu. Elle fait une guerre impitoyable aux pianos, violons et autres instruments de torture qui voudraient loger près d'elle.

Toutes ses matinées sont consacrées au travail.

Le soir, elle prend le chemin du manége Pellier ou se livre à sa promenade favorite le long du boulevard. On la reconnaît aisément: elle marche comme un train de toute vitesse.

Béranger, qui est venu demeurer aux environs, se décide, de temps à autre, malgré son goût pour la retraite, à lui faire une visite de voisin.

Victor Hugo, quand il était à Paris, se montrait fort assidu au cercle de madame Ségalas. Nous avons à raconter ici un fait aussi étrange, comme pressentiment, que celui des *Roses noires* et du prince Élim.

On était à la fin d'un bal.

L'orchestre animait de ses accords les salons de la rue de Crussol, et Charles Lafont, l'auteur de la *Famille Moronval* et du *Chef-d'œuvre inconnu*, regardait danser, joyeuse et légère, la charmante Léopoldine Hugo.

Tout à coup il se tourne vers madame Ségalas et lui cite avec mélancolie ce vers du grand poëte :

Hélas ! que j'en ai vu mourir de jeunes filles !

Deux mois après, Léopoldine Hugo se noyait dans la rade du Havre.

Il y a de cela quatorze ans bientôt.

La magnificence poétique des *Contemplations* nous montre tout ce qui reste encore aujourd'hui de douleur sublime sous la plume du poëte et dans le cœur du père.

FIN.

Le petit Sou neuf.
Fragment.

Ami de l'ouvrière, à qui tu viens sourire,
Habitant des greniers et de la tirelire ;
Jamais du coffre-fort tu n'auras les splendeurs ;
C'est le palais où vit la pièce d'or altière ;
Mais l'humble tirelire est comme la chaumière
Où tu t'endors en paix, sans souci des voleurs.

Allons en avant marche ! entre dans la caserne.
On t'illustra d'un aigle, ô petit sou moderne !
Pour payer nos soldats. — Le courage et l'honneur
Ont des lauriers au front et des sous dans la poche
Le soldat est sans biens, sans peur et sans reproche
Le cuivre est dans sa bourse et l'or est dans son cœur

Mais pour les frais du culte un prêtre te demande
Mon petit sou béni ; tombe vite en offrande.
Ajoute une lumière à l'autel plus vermeil,
Viens donner une fleur au Dieu qui sans mesure
Nous donna les grands bois et la grande nature
Un simple cierge au Dieu qui nous rend le soleil.

Anaïs Ségalas

Imp. Lith. de V. Janson, rue Dauphine, 16.

www.ingramcontent.com/pod-product-compliance
Lightning Source LLC
LaVergne TN
LVHW050638090426
835512LV00007B/915